# Éduquer et renforcer les chiens anxieux et trau- matisés

## - *Éducation canine livre pratique* -

*Comment reconnaître l'anxiété et le stress chez votre chien et les traiter avec empathie*

Inga Dahlmann

# CONTENU

# Ce qui vous attend dans ce livre

De nombreux chiens, en particulier ceux issus de la protection des animaux, n'ont pas eu de bonnes expériences dans leur vie passée, ils sont traumatisés ou anxieux. Cela se traduit souvent par différents comportements dans différentes situations. Ainsi, un chien exprime sa peur par une agression en laisse, par exemple lorsqu'un autre chien s'approche trop près de lui, lorsqu'il croise des cyclistes ou des joggeurs ou lorsqu'un humain veut caresser le chien craintif. D'autres chiens ont peur des escaliers, de rester seuls ou des bruits forts. Les chiens anxieux tentent également de fuir les situations et manifestent leur peur en rentrant leur queue ou en dressant les oreilles. Certains chiens souffrent cependant en silence, ne trouvant pas d'autre moyen d'échapper à leur peur.

Vous aussi, vous avez un chien qui vous complique la vie au quotidien ? Vous vous sentez souvent frustré et vous ne savez pas comment soutenir et aider votre chien ? Vous souffrez chaque fois que votre chien réagit de manière anxieuse et vous souhaitez travailler activement pour que vous et votre chien puissiez vivre plus sereinement ? Si c'est le cas, vous avez entre les mains un livre qui vous aidera à comprendre votre chien, ses peurs et ses comportements, afin de trouver la bonne façon d'aborder votre chien anxieux et de pouvoir vivre ensemble un quotidien plus serein à l'avenir.

Vous apprendrez à identifier les causes de la peur, à lire le langage corporel de votre chien et à mieux percevoir ses besoins, ce qui vous permettra de communiquer plus facilement avec votre chien. Cependant, vous apprendrez surtout à quoi il faut faire attention et ce qu'il faut éviter de faire avec votre chien traumatisé afin de pouvoir lui redonner courage et confiance, étape par étape.

Les chiens traumatisés ont besoin de temps - souvent plus que ce que nous pouvons leur donner - mais avec beaucoup de patience, d'amour, de soutien et de compréhension, vous pouvez offrir à votre chien une vie aussi peu angoissante que possible.

# Comprendre la peur

## POURQUOI VOTRE CHIEN RESSENT-IL LA PEUR ?

Pour comprendre la peur de votre chien, examinons d'abord la fonction initiale de la peur en tant qu'émotion. Les chiens, tout comme les humains, ressentent la peur au cours de leur vie, ce qui est normal dans une certaine mesure. D'un point de vue biologique et évolutif, la peur est vitale pour survivre dans des situations dangereuses. Lorsqu'un danger de vie ou de mort menace, une série d'émotions s'activent dans le cerveau et font en sorte que le corps soit prêt à tout pour survivre. Le cœur, par exemple, tremble plus vite pour distribuer plus de sang dans le corps afin que les muscles puissent travailler à leur maximum si vous devez fuir un danger mortel.

Ces processus sont des vestiges de l'évolution - ils ne s'observent pas seulement chez nous, les humains, mais le chien a également hérité de cette lutte pour la survie du loup. Celui qui a pu fuir plus rapidement a survécu - celui qui a abordé de nouvelles situations avec peur et prudence a survécu si la situation inconnue s'est avérée être un danger. Comprenez-vous maintenant pourquoi il semble d'abord logique d'avoir peur de certaines circonstances dans la nature ? Si nous examinons le comportement des loups dans une situation dangereuse, nous pouvons observer entre autres deux stratégies de survie : la fuite et le combat. Cette dernière est généralement le deuxième choix. La fuite est la première solution que l'on observe le plus souvent chez les loups. Si le loup est limité dans son espace, il choisit le combat ou la défense. Ces comportements sont encore observables chez les chiens.

# QU'EST-CE QUE LA PEUR ?

Le terme anxiété est souvent confondu avec celui de peur. "Dans le langage spécialisé de la psychologie et de la philosophie, on fait la différence entre l'anxiété en tant que non fondée, non liée à un objet, et la peur en tant que liée à un objet. En revanche, dans le langage courant, les deux termes sont généralement utilisés comme synonymes [...]"[1] . Ainsi, dans le langage technique, la peur d'autres congénères devrait être appelée crainte. Dès que le danger, l'autre chien, disparaît, le corps du chien passe de l'état de peur à un état normal. La peur désigne donc la crainte d'un objet spécifique dans une situation donnée. En revanche, lorsqu'il n'y a pas de danger réel, mais que le chien se trouve malgré tout dans un état permanent de stress et d'anxiété, on parle de peur. Dans ce livre, vous lirez souvent le terme familier de peur, bien qu'il s'agisse dans la plupart des cas de crainte.

---

[1] https://www.duden.de/rechtschreibung/Angst

# QUE SE PASSE-T-IL DANS LE CORPS LORSQUE LE CHIEN A PEUR ?

Comme nous l'avons déjà mentionné, l'émotion de la peur vise à préparer le corps à un danger. Des hormones de stress telles que l'adrénaline ou la noradrénaline sont alors libérées. Le système de stress est à son maximum afin que le corps puisse réagir le plus rapidement possible par la fuite ou le combat. La noradrénaline étant un amplificateur d'apprentissage, on parle de cercle vicieux pour les comportements anxieux, non sans raison. Si votre chien saute dans la laisse et aboie contre un autre congénère, il a réussi et répète sa stratégie - nos chiens sont connus pour être des opportunistes. Ils font ce qui est le plus gratifiant pour eux.

# L'IMPUISSANCE APPRISE

Lorsque l'on s'intéresse à la peur, on rencontre entre autres le terme "impuissance apprise". Lorsqu'un chien est exposé à un déclencheur de peur pendant une longue période sans aucune possibilité d'y échapper, il n'a d'autre choix que d'abandonner. "L'impuissance acquise désigne le phénomène par lequel les personnes et les animaux, après avoir fait l'expérience de l'impuissance ou de l'impuissance, restreignent leur répertoire de comportements de telle sorte qu'ils ne parviennent plus à mettre fin à ces situations vécues comme désagréables, alors qu'ils pourraient objectivement le faire".[2]

Si un chien manifeste sa peur de rester seul en hurlant, en aboyant, en détruisant ou en urinant, par exemple, il s'agit de stratégies développées par le chien pour échapper à la situation et réduire son stress. Si un chien hurle pendant qu'il reste seul, il utilise cette méthode pour rappeler son partenaire social. Si le chien est laissé seul plusieurs fois pendant des heures sur une longue période et

---

[2] https://lexikon.stangl.eu/1293/erlernte-hilflosigkeit/comment-page-1?fdx_switcher=desktop

qu'aucune de ces stratégies n'aide le chien à sortir de sa situation, le chien abandonne et se sent impuissant. Il a développé la conviction, suite à des expériences négatives, qu'il ne peut plus changer sa situation avec ses propres capacités. On parle d'impuissance apprise.

## TRAUMATISME

Les chiens anxieux sont souvent traumatisés. On distingue ici les traumatismes psychologiques et les traumatismes médicaux. En médecine, un traumatisme est une blessure infligée à un organisme par une force extérieure. Si l'on parle de traumatisme psychologique, un organisme a été traumatisé par un événement grave au cours duquel il a été exposé à un sentiment d'impuissance sous une pression psychologique extrême.

**Traumatisme**

Les raisons pour lesquelles un chien est anxieux et traumatisé sont extrêmement complexes et variées. Un chien peut être traumatisé par une mauvaise expérience. Comme décrit précédemment, il s'agit d'un événement qui marque un tournant dans la vie du chien. Un chiot attaqué par un gros chien dans ses jeunes semaines peut être traumatisé et développer une peur des autres congénères à l'avenir. Un chien qui a été renversé par une voiture peut avoir une peur panique de la circulation à cause de ce traumatisme. Cependant, d'autres aspects peuvent être responsables de l'anxiété de votre chien.

**Socialisation**

Les chiens issus de la protection animale, en particulier, ont souffert d'un manque de socialisation. Pour qu'un chien soit bien socialisé, il faut l'habituer positivement à son environnement et à ses stimuli au cours de ses premières semaines et de ses premiers mois, afin qu'il puisse mener une vie détendue avec sa maîtresse ou son maître. Cela inclut par exemple les autres personnes, les enfants, le centre-ville, les visites chez le vétérinaire, la circulation, les bruits quotidiens, les autres animaux et les chiens. Ici, l'accent est surtout mis sur le calme et la sérénité. Si un chiot passe ses premières semaines de vie dans l'isolement et n'apprend pas à connaître les gens ou d'autres stimuli, il risque de souffrir de graves problèmes d'anxiété à l'âge adulte.

Le terme de syndrome de privation revient souvent dans ce contexte. Le manque de socialisation entraîne un déficit de la structure cérébrale. Le chien a été isolé de son environnement lorsqu'il était chiot et souffre désormais d'une anxiété liée à la privation, qui se traduit par un stress extrême dès qu'il rencontre des stimuli environnementaux. Chez de nombreux chiens, cette anxiété se traduit par un comportement agressif pour tenir le déclencheur à distance.

**Maltraitance**

Une autre cause du trouble anxieux de votre chien peut être la maltraitance. Il est compréhensible que les chiens qui ont été battus ou frappés par l'homme aient peur de nous. Les chiens maltraités paniquent souvent dès que l'homme prend un objet dans sa main, comme une ceinture ou une clé. D'autres chiens sont tellement traumatisés que la simple présence d'un être humain suffit pour que le chien prenne la fuite.

**La peur apprise**

Outre ces raisons qui expliquent le développement de la peur chez votre chien, des peurs apprises ou associées peuvent également conduire votre chien à avoir peur de quelque chose. La muselière est un exemple classique de peur associée. Si un chien a peur du vétérinaire et qu'il réagit de manière agressive lors d'une visite chez le vétérinaire, il doit toujours porter une muselière lors des examens. Comme il ne porte jamais de muselière, le chien associe la muselière à sa peur du vétérinaire et entre dans un état d'anxiété dès qu'il voit une muselière. Il sait qu'une visite chez le vétérinaire est imminente. Cependant, la peur apprise peut être résolue par un contre-conditionnement.

**Génétique**

En outre, un chien peut être génétiquement prédisposé à l'anxiété. Selon une étude finlandaise, la race joue un rôle important dans l'anxiété. Bien que différents facteurs entrent en jeu dans l'anxiété de votre chien, la génétique peut jouer un rôle plus important qu'on ne le pense. Par exemple, 10,6 % des schnauzers nains se sont montrés agressifs envers des inconnus, contre seulement 0,4 % des labradors retrievers. Des schémas spécifiques à la race sont également apparus dans le comportement. Les border collies présentaient un regard fixe et compulsif et cherchaient à attraper les mouches, tandis que les schnauzers nains étaient plus susceptibles d'avoir une anxiété sociale, ce qui se traduisait par une agressivité plutôt que par un comportement stéréotypé.

Bien qu'il soit impossible de savoir si les chiens adultes sont en partie génétiquement anxieux, il est possible de le déterminer par un test de caractère chez le chiot. Par exemple, si vous laissez tomber un trousseau de clés, un chiot normal sera effrayé pendant un moment, mais se remettra rapidement. Un chiot génétiquement peureux mettra beaucoup de temps à se remettre, voire à s'enfuir ou à se cacher.

**Maladie et douleur**

Avant de commencer à traiter votre chien anxieux, il est important de consulter un vétérinaire qui examinera votre animal de manière approfondie. Cela permettra de vérifier que l'anxiété de votre chien n'est pas due à la douleur ou à la maladie. Souvent, la santé de votre chien influence son comportement. L'alimentation joue ici un rôle très important. Les carences en sérotonine ou en vitamines sont fréquentes en cas d'alimentation insuffisante ou de carence. Elles ont un impact sur le bien-être de votre chien et peuvent être des facteurs contribuant à l'anxiété de votre chien. En outre, d'autres maladies ont également une influence sur le comportement de votre chien. Les troubles hormonaux tels que l'hypothyroïdie rendent votre chien très vite stressé et irritable. Des maladies physiques telles que des tumeurs ou des problèmes articulaires peuvent également conditionner l'anxiété de votre chien. C'est pourquoi il est conseillé de faire un check-up complet chez votre vétérinaire avant de commencer une thérapie contre l'anxiété.

# Reconnaître la peur

Pour savoir quand votre chien se sent mal à l'aise ou anxieux, vous devez apprendre, lire et interpréter correctement son langage corporel. "Apprendre le langage corporel de votre chien est une preuve d'amour qui vous ouvre les portes d'une meilleure compréhension et d'une communication plus facile".[3] Avant qu'un chien n'escalade, il montre déjà sa peur à travers de nombreuses étapes préliminaires de son langage corporel. Les chiens communiquent sans cesse par le biais de leur corps, et la plupart du temps, les moindres signes suffisent pour savoir ce que votre chien ressent. Souvent, nous, les humains, ne voyons pas ces détails subtils du langage de nos chiens. Dans le chapitre suivant, vous apprendrez quand votre chien se sent anxieux et comment cela se traduit par son langage corporel.

## COMMENT LA PEUR SE MANI-FESTE-T-ELLE CHEZ VOTRE CHIEN ?

Souvent, les chiens remarquent une source d'anxiété bien plus tôt que les humains. Cela est dû à leur ouïe et à leur odorat très développés, mais aussi, entre autres, à notre manque d'attention à l'égard de notre environnement.

---

[3] Wilde, Nicole : Der ängstliche Hund, Stress, Unsicherheiten und Angst wirkungsvoll begegnen, Nerdlen : KYNOS VERLAG, 2008, P. 36.

Imaginez que vous vous promenez avec votre chien dans une zone très calme et peu stimulante et que, comme si de rien n'était, votre chien est accroché à sa laisse et aboie. Vous regardez autour de vous et vous vous demandez pourquoi votre chien se comporte ainsi. Après quelques secondes, vous remarquez un sac en plastique flottant sur le trottoir à dix mètres de là. Votre chien semble l'avoir remarqué immédiatement, alors que vous ne l'avez remarqué qu'après l'escalade de votre chien. Cependant, votre chien a montré sa peur du sac bien plus tôt par son langage corporel. C'est pourquoi il est particulièrement important de connaître le langage corporel de votre chien afin de pouvoir intervenir rapidement pour interrompre la chaîne de comportement jusqu'à l'escalade. Dans la section suivante, nous faisons la distinction entre les signes et le langage corporel d'un chien anxieux.

**Signes**
Les signes peuvent être verbaux et non verbaux. Les signes auditifs d'anxiété sont par exemple des jappements, des aboiements, des grognements,

des gémissements ou des cris. Des bâillements, une production de salive importante ou réduite, des tremblements, des mouvements de va-et-vient, des pupilles dilatées et des clignements rapides ou lents peuvent également indiquer que votre chien a peur. En outre, la transpiration des pattes, la perte de poils, la respiration superficielle, les mouvements lents, la respiration sifflante, les secousses, les pellicules, l'agitation et l'hyperactivité sont autant d'indices qui permettent de reconnaître que votre chien est mal à l'aise ou a peur de quelque chose. Certains chiens anxieux recherchent activement la proximité de leur maître et s'appuient fermement sur lui. Certains chiens sont très attentifs à leur environnement, cherchent des éléments déclencheurs d'anxiété et ne sont pas réceptifs.

On peut également observer un comportement stéréotypé chez certains chiens anxieux ou traumatisés. La stéréotypie est une action liée au stress qui se répète constamment. "Les chiens qui sont constamment anxieux peuvent développer des comportements répétitifs, tels que se lécher les pattes ou mâcher d'autres parties du corps". [4] Si votre chien présente un comportement similaire, il peut souffrir d'une stéréotypie, voire d'un trouble obsessionnel-compulsif. Observez votre chien lorsqu'il rencontre un élément déclencheur de peur. La plupart du temps, un ou plusieurs de ces signes apparaissent déjà à une grande distance du déclencheur. Si vous pouvez déjà en détecter, il y a de bonnes chances que vous puissiez soutenir votre chien à un stade précoce de la situation et prévenir une escalade.

**Langage corporel**

Dès que les premiers signes apparaissent chez le chien, son langage corporel et son attitude changent rapidement. Vous pouvez facilement repérer un chien anxieux à sa queue rétractée et à ses oreilles aplaties. Cela vous permet également de mesurer le degré d'anxiété de votre chien. S'il n'a qu'une oreille rabattue vers l'arrière ou si sa queue n'est qu'à moitié baissée, votre chien est généralement encore réceptif et n'a pas encore considéré le stimulus anxieux comme un danger ou une

---

[4] S.36

menace. En revanche, si votre chien se sent menacé et a très peur, il replie complètement sa queue et a les deux oreilles très serrées.

Découvrez à quoi ressemble le langage corporel de votre chien lorsqu'il est détendu. Il vous sera ainsi plus facile de voir comment son attitude change lorsqu'il a peur. Le mouvement de la queue révèle également l'état d'esprit de votre chien. Une queue qui remue ne signifie pas toujours que votre chien est heureux et à l'aise. En particulier, si la queue remue plus bas, cela peut indiquer que votre chien n'est pas sûr de lui et ne sait pas quoi faire. Par ailleurs, les chiens anxieux se définissent par des yeux allongés et petits et des sourcils relevés. Les pupilles sont dilatées et on peut parfois voir le blanc des yeux. La gueule se ferme dès qu'un chien ressent de la peur. Certains chiens relèvent également les babines ou tirent les coins de la bouche vers l'arrière. Bien que les poils hérissés du cou soient souvent un indice d'agressivité, il peut également s'agir de peur.

De nombreux propriétaires de chiens pensent d'abord que leur chien est agressif, alors que certains comportements et signes d'agressivité sont dus à la peur. La posture d'un chien anxieux est pondérée vers l'arrière, il se baisse et devient plus petit. En revanche, un chien agressif place le poids de son corps vers l'avant, relève ses oreilles et sa queue et fixe le stimulus. Vous devez garder à l'esprit que, dans de nombreux cas, l'agressivité est basée sur la peur, car le chien apeuré a malheureusement dû apprendre que l'attaque et la défense étaient les meilleures méthodes.

## COMMENT LA PEUR INFLUENCE-T-ELLE LE COMPORTEMENT DE VOTRE CHIEN ?

Comme vous avez pu l'apprendre au début, les loups répondent à un stimulus de peur par une réaction de combat ou de fuite. On peut aujourd'hui classer ces solutions de conflit, également appelées "4 F", en quatre catégories chez les chiens : Les deux premières stratégies sont l'attaque ou le combat (fight) et la deuxième possibilité est la fuite (flight). La troisième catégorie est celle de l'immobilité ou de l'impuissance (Freeze/Faint), tandis que la dernière stratégie de conflit est celle des gestes d'apaisement (Fiddle). Ce dernier est souvent perçu par les propriétaires de chiens comme du batifolage, alors que la fonction de ce comportement est de réduire une situation dangereuse pour le chien. Renifler, sauter ou se trémousser sont des actions de désescalade dans ce contexte, visant à faire comprendre à l'autre chien qu'il n'est pas menaçant, dans l'espoir que la situation se résorbe. Les signaux d'apaisement visent donc à faire comprendre à l'autre chien que l'on ne représente pas soi-même un danger. Les chiens utilisent également ces signaux pour exprimer qu'ils ne sont pas à l'aise.

Le bâillement est souvent mal compris ici. Bien qu'il soit un signe de fatigue, il peut aussi être une expression de stress, d'anxiété ou de soumission. De nombreux chiens ne se grattent pas et ne reniflent pas toujours parce qu'ils ont une démangeaison soudaine ou parce qu'ils sentent bon à un endroit. Ces signaux peuvent également servir à l'apaisement et signifier que votre chien a besoin d'une pause ou qu'il se sent mal à l'aise. Le fait de se lécher les babines est également un signe de malaise. Le chien se lèche le museau avec sa langue. Vous pouvez souvent observer ce comportement lorsque quelqu'un caresse votre chien et que c'est trop pour lui.

Un signal d'apaisement très visible est le fait
de détourner le regard ou de regarder ailleurs. Fixer ou regarder directement un chien signale un
danger. Il est donc compréhensible qu'un chien
anxieux se détourne souvent des stimuli menaçants pour montrer qu'il ne représente pas de danger. Soyez attentif aux situations dans lesquelles
votre chien montre les signaux que nous venons
d'énumérer. Vous pourrez ainsi déterminer ce qui
fait peur à votre chien. De même, vous pouvez éviter à l'avance les situations qui provoquent un tel
stress et une telle peur chez votre chien qu'il doit
utiliser la défense, le combat (fight) des quatre F
comme stratégie de résolution. En revanche,
récompensez les étapes préliminaires telles que les
signaux d'apaisement. Ceux-ci aident votre chien
à réduire son niveau de stress et à choisir d'autres
solutions que l'attaque.

Votre chien ne cesse jamais de communiquer
- il le fait simplement dans une autre langue. En
apprenant à les connaître, vous pourrez soutenir
votre chien, comprendre ses besoins et travailler
sur la cause de sa peur. Votre chien commencera
à vous faire confiance car il saura que vous le

comprenez, que vous comprenez ses sentiments et
que vous prenez de bonnes décisions pour lui.

## IDENTIFICATION DES DÉCLEN-CHEURS D'ANXIÉTÉ

Une fois que vous connaissez le langage corporel
de votre chien, vous pouvez facilement identifier
les facteurs qui déclenchent la peur. Cependant,
cela ne suffit pas pour savoir exactement ce qui
rend votre chien mal à l'aise. S'il a peur d'autres
personnes, par exemple, il s'agit d'une déclaration
très générale qui nécessite encore plus de sensibilité. De nombreux facteurs entrent en jeu dans les
stimuli de peur. Ainsi, un chien peut avoir peur
des hommes, mais pas des femmes. Il se peut aussi
que le déclencheur soit un vêtement comme un
chapeau noir, un parapluie, un seau, des lunettes
de soleil ou une canne. Vous trouverez ci-dessous
quelques éléments déclencheurs qui vous permett-
ront de vous faire une idée des stimuli qui peuvent
être effrayants pour votre chien. Il peut être utile
de créer un tableau dans lequel vous listez les déclencheurs possibles. Vous pouvez également
ajouter la manière dont votre chien réagit à ceux-

ci dans son langage corporel et ce qui l'aide à traverser la situation.

Selon l'étude finlandaise "Prévalence, comorbidité et différences raciales chez les chiens anxieux chez 13 700 chiens domestiques finlandais", 32 % des chiens souffrent de sensibilité au bruit, ce qui fait de la peur du bruit la plus répandue parmi les chiens. Comme il existe d'innombrables bruits dans notre environnement, seuls les déclencheurs les plus courants sont mentionnés ici. Il s'agit notamment des orages, des voitures/camions/remorques, des feux d'artifice, des coups, des sonneries, des bruits inattendus, par exemple lorsque quelque chose tombe, des clés, des bips, des sirènes, des poubelles qui roulent, des chariots de supermarché, de la fermeture des portières de voiture, ainsi que du ton de voix des personnes lorsqu'elles se disputent, crient, rient ou appellent, par exemple.

Les chiens peuvent également réagir de manière anxieuse à certains mouvements. Ceux-ci peuvent être rapides ou lents. Votre chien peut ainsi avoir peur d'une main qui se déplace lentement, de mouvements soudains comme le fait qu'une personne se lève ou qu'une porte s'ouvre. De nombreux chiens ont également peur des mouvements de stimulation rapides, comme ceux des skateboarders ou des cyclistes. Les démarches étranges d'autres personnes, comme le fait de traîner ou de taper du pied, déstabilisent également certains chiens. L'ombre et la lumière sont également des mouvements qui peuvent être à l'origine de la peur.

Selon l'étude finlandaise, environ 17 % des chiens domestiques ont peur de leurs congénères. Votre chien peut avoir peur de n'importe quel chien, mais de nombreux chiens anxieux font la différence entre les autres chiens qui représentent un danger pour eux. Le sexe, la taille, la couleur et les caractéristiques de la race jouent souvent un rôle dans cette classification. Certains chiens ont également peur des congénères d'une certaine couleur ou avec des oreilles spéciales, comme les oreilles tombantes, les oreilles dressées ou les oreilles coupées. Souvent, les chiens ne peuvent pas évaluer leurs congénères à queue coupée et sont déstabilisés, car ce chien ne peut pas envoyer de signaux et communiquer par le biais de sa queue. En outre, le fait que l'autre chien soit castré ou non peut également avoir son importance.

L'un des plus grands facteurs dans les rencontres canines est la laisse comme déclencheur de peur. Certains chiens se sentent limités dans leur langage corporel et dans leur espace et développent une agressivité en laisse envers les autres chiens. De la même manière, les chiens en liberté peuvent inspirer de la peur à votre chien, alors que les chiens en laisse ne représentent pas une menace particulière pour lui. Pendant l'interaction, votre chien peut également se sentir oppressé et montrer des signes de peur. Renifler l'arrière-train, regarder fixement, être approché par derrière ou voir un congénère courir de front vers votre chien sont autant d'éléments que les chiens anxieux perçoivent comme désagréables ou comme un danger.

Tout comme les chiens anxieux peuvent différencier la classification de la menace chez leurs congénères, c'est souvent le cas chez les humains. Le sexe, l'âge, la couleur de peau et la corpulence peuvent être des facteurs de peur pour votre chien. Votre chien a peut-être été maltraité par une personne de forte corpulence, ce qui explique qu'il n'ait peur que de ces personnes. Souvent, les chiens ont eu de mauvaises expériences avec des enfants ou ont même été traumatisés, c'est pourquoi l'âge peut également avoir une grande importance. En outre, certains chiens ont des réactions de peur vis-à-vis de certaines personnes, comme le facteur, le livreur, le vétérinaire ou le jardinier. Les étrangers sont généralement une source de stress et de peur pour les chiens traumatisés. Vous ne pouvez pas évaluer votre chien et ne tenez pas compte de son langage corporel. Se pencher sur le chien, l'approcher directement, le fixer ou lui tendre la main sont autant de comportements menaçants pour les chiens.

Si un chien a souvent été piétiné auparavant, le simple fait de bouger légèrement votre pied peut le faire paniquer. Les chiens anxieux ou traumatisés n'aiment pas être touchés, surtout si le contact vient d'en haut ou est surprenant. Votre chien peut également avoir peur de toucher certaines parties de son corps ou de se faire soulever ou tenir. Par exemple, certains chiens ont peur que l'on touche leurs griffes, car ils peuvent l'associer à la coupe des griffes. De la même manière, le brossage peut faire peur à votre chien. Il existe une infinité de stimuli et de situations qui peuvent faire peur à votre chien. Il est important de déterminer le déclencheur exact afin de pouvoir travailler de manière ciblée sur la cause de la peur. Pour cela, vous devez prendre en compte tous les facteurs de l'environnement pendant une réaction de peur. Les moindres détails peuvent alors vous permettre de comprendre pourquoi votre chien se comporte ainsi. Pour que l'entraînement et la thérapie soient efficaces, le déclencheur doit être correctement identifié. Une fois que vous avez observé et étudié votre chien en détail, vous pouvez commencer l'entraînement et trouver la bonne façon de traiter votre chien anxieux.

# Gérer correctement la peur

Vous avez maintenant appris à lire et à apprendre le langage corporel et le comportement de votre chien afin d'identifier les facteurs qui déclenchent sa peur. Dans la suite de cet article, vous apprendrez comment gérer correctement votre chien anxieux et comment traiter son anxiété. Gardez toutefois à l'esprit que chaque chien est unique et qu'en fonction du degré d'anxiété de votre chien, vous devrez faire appel à un éducateur canin professionnel.

# COMMENT MON CHIEN APP-REND-IL ?

Afin de comprendre et d'appréhender ce que vous devez éviter et encourager dans vos relations avec votre chien, vous devez d'abord savoir comment votre chien apprend. Comme vous le savez déjà, nos chiens associent et relient constamment les signaux et les situations. Les chiens apprennent toujours - c'est pourquoi il est particulièrement important que vous sachiez comment cela se passe pour travailler sur sa peur. Votre chien a appris à un moment donné qu'un stimulus ou un signal particulier représentait une menace pour lui. Pour que vous puissiez associer ce stimulus de manière nouvelle et positive, vous devez savoir à l'avance comment les chiens établissent des associations.

**Conditionnement classique**
L'apprentissage d'un stimulus en psychologie de l'apprentissage est le "conditionnement classique". Un stimulus qui était auparavant neutre prend désormais une signification pour votre chien. Cette signification peut être positive ou négative, et donc déclencher différentes émotions. Le

conditionnement est donc un modèle de réponse à un stimulus. Tous les signaux que vous apprenez à votre chien ont été conditionnés. La sonnette de votre porte est également un merveilleux exemple de conditionnement classique : votre chien a appris qu'elle annonçait une visite, ce qui peut être une source de stress. Il associe donc la sonnette à des émotions négatives. Après tout, un chien n'aboie pas sans raison lorsqu'il entend la sonnette.

**Conditionnement opérant**

Outre le conditionnement classique, il existe également le conditionnement opérant : l'apprentissage par essais et erreurs. Un chien adopte un comportement dont les conséquences déterminent s'il le reproduira ou non. Un comportement qui a de bonnes conséquences sera montré plus souvent à l'avenir. Si les conséquences d'un comportement du chien ne sont pas bonnes, il le reproduira moins. On peut également diviser le conditionnement opérant en quatre quadrants :

1. *Le renforcement positif* signifie l'*ajout de* quelque chose *d'agréable*. Un comportement qui est

renforcé positivement se manifeste plus souvent. L'émotion de plaisir est ainsi déclenchée chez votre chien. Par exemple, si je récompense le fait de regarder calmement un déclencheur de peur, je renforce ce comportement et le chien le montrera plus souvent ou plus longtemps à l'avenir. Il est important que votre chien perçoive également la récompense comme un renforçateur. Par exemple, certains chiens préfèrent un jouet à la nourriture. D'autres chiens trouvent que le reniflement est une récompense souhaitable.

2. La *punition positive* décrit l'*ajout de* quelque chose *de désagréable.* Un comportement d'évitement est alors établi. Le chien montre moins le comportement qui est puni. L'émotion de peur ou d'anxiété est alors déclenchée. Imaginez que vous aspergiez votre chien d'eau à chaque fois qu'il aboie contre d'autres chiens. A l'avenir, votre chien réduira ce comportement et aboiera moins, car il aura peur de la conséquence "être mouillé". Le chapitre suivant vous expliquera pourquoi cette partie du conditionnement opérant est problématique et pourquoi vous devez absolument y renoncer dans vos relations avec votre chien.

3. Le *renforcement négatif* signifie que quelque chose *de désagréable est supprimé.* Il en résulte une émotion de soulagement et le comportement est adopté plus souvent. Si vous apprenez à votre chien le signal "assis" en appuyant sur les fesses du chien jusqu'à ce qu'il s'assoie, votre chien apprendra que le comportement "s'asseoir" en vaut la peine, car ce qui est désagréable, ici la pression sur les fesses, cessera avec le comportement souhaité, "s'asseoir". Le renforcement négatif se produit notamment chez votre chien anxieux lorsqu'il aboie en laisse contre un autre chien par peur et qu'il réussit à le faire. Il apprend que le comportement "aboyer" fait disparaître le stimulus désagréable "chien". Votre chien est alors soulagé et adoptera plus souvent ce comportement à l'avenir.

4. La *punition négative représente* le dernier quadrant du conditionnement opérant. Ici, contrairement au renforcement négatif, quelque chose *d'agréable est supprimé,* ce qui entraîne une diminution du comportement. Votre chien se sent frustré. Un exemple de punition négative est le fait de sauter sur les gens si vous ignorez votre chien ou si vous vous détournez. En ne prêtant pas attention à votre chien et en supprimant ainsi la conséquence

agréable, il manifestera moins le comportement consistant à sauter sur les gens, car cela n'en vaut pas la peine.

## CE QU'IL FAUT ÉVITER

L'un des aspects les plus importants à éviter dans la gestion et le dressage de votre chien est de déclencher un état de peur. Dans la mesure du possible, vous devez travailler en dessous du seuil de réaction de votre chien. Dès que votre chien réagit de manière anxieuse, il n'est plus dans la zone de réflexion de son cerveau. Il est tout simplement trop stressé et trop effrayé pour pouvoir apprendre de manière durable. De plus, sa peur et son comportement se renforcent à chaque fois qu'il est exposé, impuissant, à un déclencheur de peur. Tenez compte de la distance à laquelle votre chien est encore relativement calme face au déclencheur et entraînez-vous avec votre chien à cette distance. C'est la condition de base pour l'entraînement et la thérapie de l'anxiété. Dans ce chapitre, vous apprendrez ce que vous devez encore éviter de faire avec votre chien anxieux.

**Peine et violence**

Si vous avez un chien anxieux ou traumatisé, vous devez absolument éviter les punitions dans vos rapports avec votre chien. De nombreux chiens sont effrayés précisément pour cette raison. Ils ont subi de mauvaises expériences et ont été traumatisés. En outre, il existe de très nombreux points de vue qui s'opposent à l'utilisation de la punition. Prenons l'exemple de votre chien qui a peur de ses congénères. Dès qu'il voit un chien, il saute dans sa laisse et aboie. Vous pourriez alors punir ce comportement avec une bouteille d'eau, divers stimuli de peur, en tirant sur la laisse ou en le bloquant physiquement. Dans un premier temps, votre chien cessera très probablement d'aboyer. Mais la punition a-t-elle amélioré son état émotionnel ? En punissant, vous ne faites qu'inhiber les symptômes d'une cause qui est bien plus profonde. Vous n'avez fait qu'égratigner la surface, ce que nous voyons et ressentons comme désagréable. Vous avez peut-être résolu votre propre problème - mais pas celui de votre chien. Votre chien a toujours une peur fructueuse des autres chiens et maintenant de son propre propriétaire, car il a rendu la situation encore pire pour lui.

Il se peut également que votre chien trouve les autres chiens encore plus menaçants qu'ils ne le sont déjà, car il associe la présence d'autres chiens à votre punition, qui déclenche des émotions négatives chez votre chien. C'est précisément le danger de la punition : il est presque impossible de l'appliquer avec précision pour que votre chien associe correctement la punition. De plus, vous avez appris précédemment qu'un comportement indésirable se consolide par la répétition et le succès. Pour punir votre chien pour le comportement indésirable, il doit d'abord l'exécuter, ce qui établit le comportement à chaque fois.

Les comportements indésirables sont souvent appelés "mauvais comportements". Cependant, il s'agit simplement d'un comportement que nous considérons comme incorrect, mais qui est généralement la meilleure solution pour le chien afin de faire face à la situation. Votre chien ne remettra jamais en question le comportement incorrect lui-même, car il se comporte parfaitement bien à ses yeux. Les chiens ne font pas la différence entre le bien et le mal : ils font ce qui en vaut la peine pour eux. Si votre chien aboie contre un autre chien parce qu'il a peur et que ce dernier disparaît, cela signifie que son "mauvais comportement" en valait la peine. Il ne le perçoit pas comme mal, c'est une stratégie pour résoudre la situation. Vous souvenez-vous de la réaction de fuite ou de combat du loup ? Vous pouvez alors très bien comprendre pourquoi votre chien a un comportement indésirable face à des déclencheurs de peur. Après tout, il n'a pas d'autre choix que de s'enfuir. Si cela n'est pas possible, par exemple parce que votre chien est en laisse, sa deuxième solution est d'attaquer en avant. Une fois que vous aurez compris cela, vous comprendrez que la punition ne fait que corriger les symptômes de la cause, et non le problème lui-même.

Si vous souhaitez aider votre chien à surmonter ses peurs et à réorienter ses émotions vers des déclencheurs, sachez que cela risque de prendre du temps. Vous devez établir la confiance, connaître les besoins de votre chien et son langage corporel pour qu'il sache qu'il peut compter sur vous et sur vos décisions. Vous ne pouvez pas obtenir tout cela avec une punition. Il est scientifiquement prouvé que le renforcement positif et l'absence de punition sont les méthodes les plus efficaces à long terme avec votre chien.

## Inondation

Avez-vous déjà entendu des conseils bien intentionnés tels que "Il faut qu'il apprenne !" ou "Il faut qu'il passe par là !" concernant l'anxiété de votre chien ? Si vous sortez avec votre chien anxieux, vous avez certainement déjà reçu ces conseils ou des conseils similaires de la part d'autres personnes. Cependant, vous devez être particulièrement prudent avec ce type de conseils. Ces idées impliquent une forme de thérapie de l'anxiété dont vous devriez vous abstenir. Le flooding, ou inondation en anglais, consiste à exposer le chien à un déclencheur d'anxiété jusqu'à ce qu'il abandonne, épuisé, et qu'il ne semble plus avoir peur de ce déclencheur. L'objectif de cette thérapie est qu'après avoir effectué le flooding, le chien se rende compte que le déclencheur de peur n'est pas aussi grave qu'il n'y paraît. Cette forme de thérapie est controversée, même chez l'homme, et ne doit surtout pas être utilisée sur les animaux. Le flooding ne peut être utilisé comme thérapie contre l'anxiété que si la personne concernée le comprend expressément. Vous ne devriez pas essayer le flooding sur votre chien, car les conséquences peuvent être désastreuses : La confiance dans le propriétaire est détruite, une impuissance apprise s'installe, votre chien ressent une peur mortelle et son trouble anxieux s'aggrave, sans compter les dommages pour la santé qui peuvent résulter de tout ce stress.

Imaginez que votre chien ait une peur panique de la circulation. Vous pourriez maintenant vous asseoir au bord de la route avec votre chien qui crie par pure peur et attendre jusqu'à ce qu'il soit complètement épuisé et ne montre plus aucun comportement. Cependant, votre chien gardera des séquelles psychologiques extrêmes de cette expérience. Toutes les stratégies pour échapper à la situation ne fonctionnent pas. Lorsqu'il cherche alors de l'aide auprès de son partenaire social, il ne se heurte pas au soutien et à la compréhension qu'il espérait, mais à l'ignorance. Voyez-vous à quel point votre chien doit se sentir impuissant, perdu et apeuré lorsqu'il se fait flotter ? La prochaine fois que votre chien rencontrera la circulation routière, il y a de fortes chances qu'il associe ce traumatisme vécu à l'élément déclencheur et que sa peur de la circulation soit encore plus grande et la blessure encore plus profonde. Avez-vous peur des araignées ? Imaginez que votre partenaire social le plus proche vous mette dans une pièce remplie d'araignées sans votre consentement et qu'il ne vous en sorte que lorsque vous êtes complètement épuisé et impuissant sur le sol. La confiance serait rompue et votre peur des araignées ne serait probablement pas guérie après cette expérience traumatisante. Traitez votre chien comme vous aimeriez être traité, en vous posant toujours la question suivante : "Aimerais-je être mon propre chien ?"

## Foi en la dominance

Parmi divers autres conseils, vous avez certainement entendu des phrases telles que "Vous devez montrer à votre chien qui est le chef !" ou "Vous devez d'abord clarifier la hiérarchie ! Dans le monde canin, la croyance en la théorie de la dominance est toujours d'actualité - bien qu'elle ait déjà été réfutée par son propre inventeur. On dit souvent, surtout dans le cas des chiens difficiles, qu'ils ne sont pas subordonnés à leur maître, le "chef de meute", et qu'il n'est donc pas possible de vivre en harmonie avec lui. Le chien cherche toujours à devenir un "chien alpha" ou un "chien de tête" et à dominer son maître pour occuper la position la plus élevée dans la hiérarchie. Les propriétaires de chiens sont encouragés à utiliser des techniques et des méthodes violentes afin d'affirmer leur autorité et de soumettre le chien par l'intimidation. Que vous ayez un chien anxieux ou non, il est important de ne pas aborder ce sujet. Ces raisonnements nuisent à votre relation avec votre chien et sont tout simplement des points de vue erronés qui peuvent être scientifiquement réfutés. Les éducateurs canins qui se livrent à ces pratiques utilisent la construction de la "dominance" pour justifier l'utilisation de techniques de dressage violentes. Vous découvrirez ci-dessous pourquoi la théorie de la dominance n'est pas un fait, mais une opinion, et pourquoi vous devriez vous abstenir d'utiliser ces méthodes avec votre chien.

A l'origine, le terme de dominance a été connu dans les années 1920. Le chercheur norvégien Schjelderup-Ebbe a observé les relations et le comportement social entre les poules. La compétition pour la nourriture se produirait ici dans un système particulier : La poule la plus haut placée dans la hiérarchie hachait toutes les autres poules, la poule immédiatement supérieure hachait toutes les autres, sauf la plus haute, et ainsi de suite. Au fil du temps, cette hiérarchie a été transposée à d'autres êtres vivants, comme par exemple la hiérarchie chez les loups et finalement chez les chiens. La théorie de la dominance chez les loups est basée sur des observations de loups non apparentés en captivité. Vous pouvez déjà voir ici la problématique de cette étude : Les loups en captivité sont limités et se comportent différemment qu'à l'état sauvage. Selon les dernières connaissances, les loups en liberté ne vivent pas au sein d'une meute strictement hiérarchisée. Ils vivent dans une structure sociale qui présente des similitudes avec un groupe familial. Cela signifie que les loups d'une meute ne sont pas en compétition permanente les uns avec les autres pour obtenir la plus haute hiérarchie et tenter de devenir le "loup alpha".

Il est vrai que la dominance est liée aux ressources et n'est donc pas une propriété. Un animal peut se comporter de manière dominante envers un congénère A. S'il rencontre un congénère B, il se peut que l'animal ne se comporte pas de manière dominante vis-à-vis du congénère B, même si, dans ses rapports avec le congénère A, il revendiquerait la ressource et se comporterait donc de manière dominante. La dominance n'est donc pas un trait de caractère, mais un comportement. Ce comportement ne peut avoir lieu qu'au sein d'une espèce. Nos chiens ne peuvent donc pas nous dominer, car nous sommes des êtres humains et n'appartenons pas à l'espèce "chien". Nous ne formons donc pas une meute avec nos chiens - nous sommes dans un groupe social. La théorie de la dominance est donc scientifiquement réfutable.

Pourtant, de nombreux dresseurs de chiens justifient encore aujourd'hui leurs méthodes par la croyance en la domination et suivent des programmes dits de "réduction de rang" afin de consolider leur position de chef de meute. Ainsi, le chien ne peut manger qu'après le chef de meute, car l'"alpha" est toujours le premier à avoir accès aux ressources. Il doit toujours céder sa place lorsque vous vous déplacez dans la pièce en tant que chef de meute. Vous devez être le premier à passer la porte, votre chien doit toujours être le second. Votre chien ne doit jamais terminer le jeu lui-même.

Lorsque le chien tente d'être "dominant", le propriétaire du chien réagit en pinçant les babines, en mordant l'oreille ou, dans le pire des cas, en lançant l'alpha. Le lancer alpha consiste à retourner brusquement le chien sur le dos, ce qui est censé être une forme de démonstration de force entre les loups. Cependant, la différence ici est qu'un loup se soumet volontairement au loup dominant et n'est pas forcé à adopter cette position. Votre chien n'associera jamais la portée alpha à ses ancêtres - il apprend simplement que son propre propriétaire, qui devrait être une personne de confiance, provoque en lui une peur mortelle.

Les problèmes de comportement basés sur la peur ne peuvent être modifiés qu'en changeant les sentiments envers l'élément déclencheur. Les mythes dépassés et réfutés, tels que la croyance en la domination, n'aident pas votre chien et vous-même à vivre une vie quotidienne sereine. C'est pourquoi vous devez à tout prix rejeter la croyance en la dominance et éviter d'utiliser de telles méthodes de dressage avec votre chien traumatisé.

**Dix choses à éviter avec votre chien anxieux**
1. vous ne devez jamais forcer votre chien à se mettre dans une situation qui lui ferait peur. Si vous forcez votre chien à faire quelque chose qui

lui fait peur, vous risquez de détruire votre relation et votre confiance pour toujours. L'interaction et le dressage de votre chien doivent être basés sur le volontariat.

2. évitez de tirer ou de tirer sur la laisse. Cela peut déclencher des émotions négatives chez votre chien.

3. ne faites pas de longues promenades, en particulier dans les zones surchargées de stimuli. Promenez-vous dans des endroits où il n'y a pas beaucoup de monde. Évitez les villes bondées ou les lieux encombrés.

4. vous ne devez pas immédiatement laisser votre chien en liberté ou le tenir uniquement par le collier. Votre chien risque d'être effrayé par un stimulus et de s'enfuir. Il peut également se défaire de son collier et s'enfuir. Un chien effrayé est plein d'adrénaline et son niveau de stress est si élevé qu'il peut perdre ses repères et ne pas retrouver la maison ou même, dans sa folie, courir sur une route. Sécurisez votre chien à l'aide d'un harnais de sécurité et utilisez une laisse à traîner pour le laisser courir.

5. évitez autant que possible le stress et établissez une distance avec les déclencheurs.

6. vous devez absolument laisser de l'espace à votre chien et ne pas le harceler ou le limiter physiquement.

7. ne privez pas votre chien de sa nourriture, laissez-le tranquille pendant ce temps. Vous risqueriez sinon de provoquer une défense des ressources.

8. évitez un grand nombre de visiteurs. Les chiens anxieux ont généralement peur des personnes étrangères ou inconnues et ne savent pas comment s'y prendre. Dites à vos visiteurs de ne pas déranger votre chien. Prenez la défense de votre chien, quelles que soient les réactions ou les conseils que vous entendrez. Votre chien se rendra compte que vous avez la situation en main et que vous parlez pour lui.

9) N'ignorez pas votre chien lorsqu'il a peur. Cela peut entraîner la perte de la confiance que vous avez établie et nuire durablement à votre relation.

10. ne punissez pas votre chien lorsqu'il a un comportement indésirable. Derrière chaque comportement indésirable se cache une émotion qui guide le comportement. Renoncez à la violence ou à l'impatience lorsque vous traitez avec votre

chien. Félicitez plutôt les bons comportements et progressez par petites étapes vers le succès.

## CE QUE VOUS DEVRIEZ PROMOUVOIR

Maintenant que vous avez pu apprendre ce qu'il faut éviter de faire avec votre chien, vous pouvez commencer à l'encourager et à le former. Vous apprendrez comment faciliter votre quotidien avec votre chien anxieux, quelles sont les conditions de base d'une bonne thérapie contre l'anxiété et comment traiter correctement votre chien et le soutenir dans son anxiété afin qu'il puisse à l'avenir traverser la vie avec plus de courage. Gardez toutefois à l'esprit que l'amélioration de l'anxiété de votre chien peut prendre du temps - une bonne thérapie contre l'anxiété doit finalement durer longtemps. Un être humain ne peut pas non plus surmonter et oublier un traumatisme en l'espace de six semaines. Votre chien ne deviendra peut-être jamais un chien "normal", mais si vous comprenez et encouragez les points suivants dans votre relation avec votre chien, il y a de bonnes chances pour que votre chien puisse surmonter nombre de ses peurs avec vous.


**Gestion, confiance et patience**

Pour améliorer votre quotidien, vous devez avant tout faire de la gestion. Vous devez, si possible, réduire le stress général de la vie quotidienne et éviter les situations qui font peur à votre chien. Vous devez exposer votre chien le moins souvent possible à des stimuli auxquels il réagit de manière anxieuse. Pourquoi ? Parce que les comportements indésirables se renforcent à chaque fois qu'ils se répètent. Vous devez également établir une relation de confiance avec votre chien. Feriez-vous confiance à une personne qui vous forcerait délibérément à vous mettre dans une situation qui vous fait absolument peur et vous fait paniquer ? Montrez à votre chien que vous pouvez lire son langage corporel et qu'il peut compter sur votre soutien. Même s'il est souvent difficile d'éviter les déclencheurs, dans la plupart des cas, il y a toujours un moyen d'éviter le stimulus si vous le remarquez tôt.

Si un autre chien vient à votre rencontre, vous pouvez vous éloigner dans un champ ou dans la forêt. Si cela n'est pas possible, vous pouvez simplement faire demi-tour et reculer jusqu'à ce que vous puissiez établir une distance. Des signaux tels que le signal de réorientation ou le signal de changement de direction peuvent vous aider à diriger et à gérer la situation dans de tels moments.

Le signal de réorientation est conçu de la même manière qu'un clicker. Vous donnez le signal et il se passe alors quelque chose de très excitant et de formidable pour votre chien. Il peut s'agir d'un jeu commun, de la poursuite d'une friandise ou d'une saucisse de foie en tube. Votre chien n'a rien à faire pour cela. Le signal doit attirer l'attention de votre chien sur vous dans des situations dangereuses, afin que vous puissiez ensuite faire demi-tour et vous éloigner de l'élément déclencheur de la peur. Si un inconnu s'adresse à votre chien, ce qui effraie votre chien, vous pouvez par exemple donner le signal de changement d'orientation. Pour le signal de changement de direction, placez-vous devant votre chien assis dans votre direction. Passez maintenant devant lui. S'il fait demi-tour et vous suit, récompensez-le. Plus tard, vous pouvez ajouter le mot de signalisation, par exemple "tourner" ou "tourner". Votre chien apprendra ainsi à changer de direction au signal. Ces deux signaux peuvent être d'une grande aide au quotidien s'ils sont bien construits et détaillés. Grâce à cette gestion, vous pouvez éviter de nombreuses situations.

Il est important que vous gardiez toujours vos oreilles et vos yeux ouverts. Cependant, il peut toujours arriver que votre chien ait une réaction de peur. Si la réaction est légère, vous pouvez essayer de distraire votre chien avec des friandises savoureuses et de le faire sortir de la situation. Si votre chien réagit de manière extrême, vous devez lui montrer que vous êtes calme. Cela n'aidera pas votre chien si vous devenez également hystérique dans la situation. Quittez la zone le plus rapidement possible et rentrez chez vous. Après une réaction de peur, le corps de votre chien a besoin de beaucoup de temps pour évacuer les hormones de stress. Votre chien est toujours en état d'alerte et continuer la promenade pourrait risquer une nouvelle rechute encore plus violente.

Lorsqu'il s'agit d'entraîner votre chien anxieux, vous devez en grande partie travailler sur vous-même. Notre nature humaine nous pousse à nous focaliser sur le négatif et à nous sentir frustrés lorsque quelque chose ne fonctionne pas immédiatement. Malheureusement, la patience est essentielle pour gérer votre chien anxieux. Souvenez-vous de tout ce que votre chien a pu subir. Votre chien n'adopte pas un comportement indésirable dans le seul but de vous énerver. Il y a toujours une raison pour laquelle votre chien se comporte comme il le fait. C'est à vous de rester calme et patient et d'identifier la cause du comportement indésirable.

Si votre chien a eu une réaction de peur, réfléchissez d'abord à vos propres actions, modifiez votre plan d'entraînement ou revenez quelques pas en arrière dans votre entraînement. Parfois, l'homme peut être trop enthousiaste et faire trop de choses à la fois en raison d'un succès. Votre chien peut rapidement se sentir dépassé. Aidez votre chien plutôt que de vous mettre en colère contre lui. Si vous êtes patient et calme avec votre chien, vous obtiendrez plus rapidement des résultats. Ne vous fixez pas d'objectifs trop élevés - vous n'aurez pas non plus de grandes attentes. Les

petits succès sont généralement les plus grands
pas vers l'objectif.

**Repos et détente**

"La capacité à se détendre est l'une des
compétences les plus utiles qu'un chien nerveux
puisse acquérir". [5] Les chiens anxieux ont besoin
de beaucoup de temps pour assimiler ce qu'ils ont
vécu. Ils sont souvent exposés à un stress extrême
à l'extérieur. Imaginez qu'à chaque fois que vous
sortez, vous ressentez du stress, de la peur et de la
panique. Cela vous prive d'énergie et de concent-
ration, de sorte que votre corps a besoin de sommeil pour se ressourcer et assimiler les choses correctement. C'est pourquoi il est très important de
trouver un équilibre entre l'entraînement, la vie
quotidienne et le repos de votre chien. Vous devez
veiller à ce que votre chien puisse dormir pendant
la journée. Les chiens adultes ont besoin d'environ
15 à 20 heures de sommeil et de détente par jour.

---

[5] Wilde, Nicole : Der ängstliche Hund, Stress, Unsicherheiten und Angst wirkungsvoll begegnen, Nerdlen : KYNOS VERLAG, 2008, P.119

On entend de plus en plus souvent dire que les chiens anxieux et traumatisés ont beaucoup de mal à se calmer. Des procédures ritualisées et la sécurité des attentes peuvent aider votre chien à mieux se calmer. Vous pouvez également travailler activement sur le calme et la détente avec quelques exercices. Votre chien doit disposer d'un lieu de retraite pour cela, comme une niche ou un panier. Récompensez votre chien lorsqu'il s'y allonge et renforcez les comportements calmes et détendus. Vous ne devez cependant pas le récompenser de manière exubérante : Un "très bien" doux ou une friandise suffisent amplement.

Une autre variante pour détendre votre chien au quotidien est la relaxation conditionnée. Vous savez déjà ce qu'est le conditionnement classique. Votre chien apprend à chaque seconde de sa vie et associe constamment d'autres stimuli à des émotions ou des actions. Vous pouvez ainsi également associer un signal à la relaxation. Si votre chien se sent détendu après un massage, une caresse ou un brossage, vous pouvez d'abord prononcer le mot signal, par exemple "Easy", et effectuer ensuite l'action de détente. Il est important que votre chien soit réellement détendu. Répétez cet exercice plusieurs fois. Bientôt, le signal seul déclenchera des émotions de détente chez votre chien. Si votre chien ne se laisse pas toucher ou ne se sent pas à l'aise lorsque vous le caressez ou le massez, vous pouvez simplement répéter le mot pendant que votre chien est de toute façon détendu dans son panier.

En outre, il existe également des signaux visuels que votre chien associe à la détente. Il peut s'agir d'un tissu, d'une couverture ou de signaux sonores comme la radio ou la musique classique. Votre chien peut également associer des stimuli olfactifs, par exemple l'huile de lavande, à la tranquillité. Pour cela, il vous suffit de placer un foulard parfumé à côté de votre chien détendu. Il associera rapidement cette odeur au fait d'être détendu, ce qui peut notamment être utile si votre chien a peur de la séparation. Vous pouvez utiliser le signal de détente "Easy" dans des situations où le niveau d'excitation de votre chien est si élevé qu'il ne peut plus répondre. Ce signal n'est pas un remède pour que votre chien se couche et s'endorme, mais il peut déclencher chez lui des émotions positives qui le feront descendre de quelques crans dans l'échelle d'excitation, ce qui le rendra à nouveau réactif et vous permettra de lui demander un comportement alternatif ou de quitter la situation. Vous devez toujours recharger le signal de détente pour que votre chien ne commence pas à l'associer à l'élément déclencheur de la peur.

**Support social**

Il se peut également que votre chien recherche activement un soutien social auprès de vous. Malheureusement, le mythe selon lequel vous renforcez l'anxiété de votre chien en lui accordant de l'attention et en le soutenant lorsqu'il a peur persiste. De nombreux propriétaires de chiens recommandent même d'ignorer complètement le chien et de faire comme si rien de grave ne se passait, alors que le chien est allongé sur le sol comme un tas de misère.

Pourquoi cette attitude est-elle problématique ? Le soutien social signifie que les personnes de référence se portent assistance dans des situations angoissantes. Ce comportement hautement social est observé non seulement chez les humains, mais aussi chez d'autres espèces animales. Si votre chien cherche à se protéger auprès de vous et qu'il se heurte à l'ignorance de sa figure d'attachement, cela peut sérieusement nuire à votre relation. Dans le pire des cas, cela peut même entraîner une perte de confiance. Il est désormais prouvé que le contact social, comme l'attention, le contact physique ou les friandises, augmente la peur de votre chien. Une émotion positive ne peut pas renforcer une émotion négative. De plus, le contact physique entraîne la libération d'ocytocine, ce qui a pour effet de réduire le cortisol, l'hormone du stress.

Le soutien social ne signifie pas que vous devez saisir votre chien et le caresser lorsqu'il a peur. De nombreux chiens n'aiment pas non plus qu'on les touche pendant une situation anxiogène. Cela pourrait entraîner encore plus de stress et donner à votre chien des sentiments négatifs. Si cela aide votre chien et qu'il peut même se serrer contre votre corps et chercher à se protéger, vous devez également lui donner cette sécurité. Il est également important que vous restiez calme lorsque votre chien rencontre une source d'anxiété. Si vous êtes déjà en proie à la panique, cette humeur peut se transmettre à votre chien.

**Désensibilisation**

La désensibilisation est une thérapie de la peur qui consiste à exposer votre chien à un déclencheur à grande distance. Votre chien ne doit pas avoir de réaction de peur. Vous habituez ainsi votre chien à la présence de l'élément déclencheur de la peur à grande distance. En travaillant par petites étapes, votre chien s'habituera à l'élément déclencheur au fil du temps et vous pourrez réduire progressivement la distance. La désensibilisation aide votre chien à surmonter ses peurs d'une manière agréable. La désensibilisation est donc le contraire du flooding - que vous devez éviter à tout prix.

Si vous connaissez le langage corporel de votre chien, vous saurez rapidement à partir de quelle distance votre chien se sent à l'aise et quand vous pouvez faire un pas en avant. Pendant la désensibilisation, vous devez être attentif à certains facteurs. Tout d'abord, comme nous l'avons déjà mentionné, vous devez estimer la distance à laquelle votre chien réagit de manière relativement calme au déclencheur. Un autre facteur est l'angle auquel vous vous approchez du déclencheur. De nombreux chiens seront soulagés si vous faites un arc de cercle autour du déclencheur plutôt que de vous en approcher frontalement. Votre chien percevra probablement comme une menace le fait qu'une personne se penche sur lui pour le caresser. Dites à la personne que votre chien se sentira plus à l'aise si elle s'accroupit par terre et laisse votre chien venir à elle.

De plus, la vitesse du stimulus joue un rôle important. Un chien qui passe lentement devant vous sera plus supportable pour votre chien qu'un chien qui court. Votre propre vitesse a également une influence sur le bien-être de votre chien. Faites en sorte que votre chien soit calme et passez les stimuli à une vitesse normale et lente. Si vous accélérez parce que vous avez peur que votre chien réagisse au déclencheur, votre chien remarquera votre agitation. Enfin, la caractéristique du déclencheur de peur est importante : augmentez progressivement la difficulté. Entraînez-vous d'abord en présence d'un déclencheur qui ne se comporte pas de manière dynamique. Votre chien a-t-il peur des enfants qui crient ? Alors entraînez-vous d'abord en présence d'enfants silencieux.

Tous ces facteurs ont une chose en commun : vous devez travailler par petites étapes et ne pas surcharger votre chien. Faites preuve de compréhension et de patience envers votre chien et faites-lui comprendre que vous comprenez ses besoins. Ce n'est qu'en suivant cette voie que votre chien apprendra à vous faire confiance pour reconstruire son courage dans les situations anxiogènes.

La désensibilisation s'applique également à l'anxiété de séparation. Si votre chien entre dans un état d'anxiété rien qu'en attrapant votre sac à dos, en mettant votre veste ou en prenant la clé dans la main, vous devez d'abord réduire ces signaux et les désensibiliser. Mettez vos affaires dans le sac à dos et asseyez-vous ensuite. Saisissez la clé plusieurs fois par jour et mettez vos chaussures sans sortir. Votre chien doit apprendre que ces signaux n'ont plus de signification et ne sont pas une raison de réagir déjà en panique. Si votre chien se comporte calmement dès que vous faites votre sac ou prenez vos clés, vous pouvez lui apprendre par petites étapes à se rendre à la porte, à l'ouvrir et finalement à sortir.

**Contre-conditionnement**

La dernière technique de gestion de l'anxiété de votre chien, expliquée dans ce livre, est le contre-conditionnement. Le contre-conditionnement consiste à recréer un lien stimulus-réponse par des étapes lentes. On conditionne un stimulus qui provoquait auparavant des émotions négatives chez votre chien à des émotions positives. Si votre chien a peur d'un balai parce qu'il a peut-être été frappé ou maltraité avec, un contre-conditionnement modifie les sentiments et les émotions envers le déclencheur de la peur afin que votre chien associe progressivement une émotion positive au balai et n'en ait plus peur. Par exemple, vous pouvez récompenser votre chien avec une friandise chaque fois qu'il regarde calmement le balai.

L'étape suivante consiste à réduire la distance par petits pas jusqu'à ce que votre chien puisse s'asseoir tranquillement à côté du balai. Il est important de ne pas agir négativement sur votre chien pendant cette thérapie contre la peur et de ne récompenser votre chien que lorsqu'il est calme en présence du déclencheur. Si votre chien réagit de manière tendue ou anxieuse, vous avez fait trop de pas et vous devez augmenter la distance par rapport au stimulus. Vous ne devez jamais attirer votre chien vers un déclencheur de peur. Votre chien pourrait prendre la nourriture, mais paniquer ensuite et, dans le pire des cas, associer la nourriture au déclencheur de peur. Si vous procédez par petites étapes, que vous travaillez à distance, que vous respectez les besoins de votre chien et que vous vous entraînez en dessous du seuil de peur de votre chien, un contre-conditionnement peut être très rapidement efficace. Un exemple d'utilisation d'un contre-conditionnement de stimuli est le "clic pour le regard", dont vous apprendrez la procédure au chapitre suivant.

### Clic pour vue

Pour effectuer ce type de contre-conditionnement, vous avez besoin d'un clicker ou d'un mot-repère. Le son du clicker ou le mot marqueur que vous avez choisi, par exemple "Yes", "Top" ou "Click", est conditionné à une récompense. Votre chien apprend ainsi que le clic ou votre mot marqueur est une confirmation de son comportement et qu'il annonce une récompense. Prenez environ 15 à 20 friandises et placez-vous devant votre chien. Faites un clic ou prononcez votre mot-repère et donnez immédiatement une friandise à votre chien. Votre chien n'a rien à faire pour cela, car il doit simplement apprendre que le clic est une récompense. Vous devez d'abord installer le clicker dans un environnement calme, par exemple à la maison ou dans le jardin. Une fois que votre chien a compris que le clic ou le mot-repère annonce quelque chose de formidable, vous pouvez varier la récompense, augmenter les distractions et changer d'endroit. Dès que le clic déclenche des attentes joyeuses chez votre chien et qu'il s'oriente ensuite vers vous, vous avez réussi à mettre en place le clicker et vous pouvez maintenant confirmer le comportement souhaité et mieux communiquer avec votre chien.

Vous pouvez maintenant utiliser le mot marqueur principalement dans les situations où votre chien rencontre un déclencheur de peur. Entraînez-vous selon le principe que "chaque chien montre toujours un bon comportement avant de montrer un comportement indésirable" et marquez le comportement que votre chien fait bien. "Clic pour regard" est un entraînement que vous pouvez appliquer à tous les stimuli afin d'effectuer un contre-conditionnement et de mettre en place un comportement alternatif. L'objectif initial du "clic pour le regard" est de récompenser le fait de regarder calmement le stimulus. Par exemple, si votre chien voit un autre chien, vous capturez immédiatement ce comportement avec un renforçateur secondaire, un clicker ou un mot marqueur. Vous récompensez le comportement souhaité, dans ce cas le fait de regarder calmement le stimulus. Si le clicker ou le mot-repère est bien conditionné pour une récompense, votre chien vous regardera en retour et attendra sa récompense. Mais c'est là que de nombreux propriétaires de chiens abandonnent, car leur chien ne prend pas de nourriture à l'extérieur.

Les chiens sont biologiquement conçus pour travailler volontiers pour la nourriture. Si votre chien n'accepte pas de friandises, il y a souvent une raison à cela. Cela peut signifier, par exemple, que la distance par rapport au stimulus est trop courte et qu'une émotion telle que la peur, la frustration ou l'excitation fait obstacle à l'appétit de votre chien. Votre chien est trop stressé pour pouvoir apprendre de manière durable. Avez-vous déjà essayé d'apprendre dans des conditions de peur, de frustration ou de stress ? Vous devez trouver le seuil de votre chien jusqu'auquel il est capable d'observer calmement le déclencheur de peur et d'apprendre que cela vaut la peine de rester calme et de coopérer avec vous. Avec le temps, vous constaterez que vous pouvez réduire de plus en plus la distance qui vous sépare du stimulus.

Dans la deuxième étape de l'entraînement, le mot-repère est supprimé. Votre chien voit un déclencheur de peur et attend le clic ou le mot-repère de votre part. Si celui-ci ne vient pas, votre chien vous regardera automatiquement, car il se demandera où est sa récompense pour vous avoir regardé. Ce moment, lorsque votre chien se réoriente et vous regarde, est désormais récompensé. Ainsi, avec le temps, les déclencheurs de peur de votre chien deviennent une situation que votre chien associe positivement. Les déclencheurs de peur tels que d'autres chiens ou des personnes prennent alors une autre signification pour votre chien : sa chaîne de comportements précédemment consolidée, comme par exemple fixer, aboyer et sauter dans la laisse, a été interrompue.

Votre chien associe maintenant les déclencheurs de peur à des émotions positives.

Outre le "clic pour le regard", vous pouvez bien sûr utiliser le mot-repère pour confirmer tous les autres comportements qui vous semblent bons. Par exemple, si votre chien a peur des escaliers, vous pouvez faire en sorte que votre chien s'en approche petit à petit, créer des émotions positives à la vue d'un escalier et lui donner le courage de s'en approcher. Si votre chien a peur de vous laisser l'examiner au niveau des oreilles, des griffes ou des pattes, vous pouvez également gérer cette peur grâce au clicker training en utilisant la même approche. Gardez toutefois à l'esprit que le clicker ne doit pas être confondu avec le leurre. Le clicker training consiste à récompenser les comportements volontaires.

Comme vous pouvez le constater, vous ne devriez pas renoncer au mot-repère lorsque vous entraînez votre chien anxieux. C'est le pont entre l'homme et le chien et la possibilité de communiquer d'une manière formidable et joyeuse avec nos chiens.

# Un mot important pour conclure : acceptez votre chien

Trouver le bon comportement avec votre chien semble souvent facile sur le papier, mais la réalité est souvent différente. Après tout, nous ne sommes que des êtres humains et nous faisons des erreurs. Cependant, le fait que vous vous penchiez sur la théorie et la pratique de ce sujet montre que vous vous intéressez aux peurs de votre chien et que vous souhaitez les comprendre. Vous êtes déjà sur la bonne voie. De la même manière que nos chiens apprennent par la répétition, vous, en tant que propriétaire de chien, devez d'abord vous entraîner à gérer votre chien et sa peur. La régression est normale et il est compréhensible que vous soyez parfois proche du désespoir. Construire la confiance et l'attachement prend du temps.

Vous ne saurez probablement jamais pourquoi votre chien est si effrayé et traumatisé. Cela n'a plus d'importance, car il est en sécurité et bien protégé en votre présence. En fin de compte, c'est ce qui compte. Profitez du temps qui vous est offert avec votre chien. Le plus important pour améliorer votre quotidien et votre lien avec votre chien est de l'accepter tel qu'il est. Vous ne pourrez probablement jamais transformer votre chien en un chien totalement exempt d'anxiété ou normal. Plus tôt vous accepterez votre chien sous toutes ses facettes, plus votre relation avec lui sera agréable et harmonieuse et plus votre quotidien sera calme. Focalisez-vous sur les réussites et profitez des bons moments que vous passez avec votre chien. Si vous encouragez et renforcez ces moments, votre chien deviendra lui aussi plus courageux et plus sûr de lui et apprendra à vous faire confiance même dans les situations les plus effrayantes.

# Bibliographie


• Auteur inconnu : Syndrome de privation (hospitalisme) chez les chiens, https://auslandstierschutz.jimdo.com/infos-zu-den-tieren/angsthunde/deprivation/, état : inconnu (consulté le 21.09.2021)

• Gutmann, Monika : Clickertraining, D'autres façons de communiquer avec votre chien, Schwarzenbek : Cadmos Verlag GmbH, 2010/2011

• Auteur inconnu : Socialisation : comment faire du chiot un chien souverain ?, https://www.tierfreund.de/sozialisierung/, état : inconnu (consulté le 21.09.2021)

• Wilde, Nicole : Der ängstliche Hund, Stress, Unsicherheiten und Angst wirkungsvoll begegnen,
Nerdlen : KYNOS VERLAG, 2008

• Frank, Rolf C., Grauss, Madeleine : Hab' keine
Angst mein Hund, Reconnaître et éliminer les
peurs chez les chiens, Brunsbek : Cadmos Verlag
GmbH, 2008

• Rütter, Martin : Angst bei Hunden, Umgang mit
ängstlichen und traumatisierten Hunden, Stutt-
gart : Franckh Komsos Verlag, 2018

• Auteur inconnu : Hund im Konflikt- mit diese
vier Optionen kann dein Hund auf Bedrohungen
reagieren, https://www.haustiermaga-
zin.com/hund-im-konflikt-vier-f/, mise à jour :
08/11/2018 (consulté le 21/09/2021)

• Greife, Leonie : Votre chien est-il anxieux ? Was
die Gene zu tun, https://www.deine-tier-
welt.de/magazin/ist-dein-hund-aengstlich-was-
die-gene-damit-zu-tun-haben/, état : 08.11.2020
(consulté le 21.09.2021)

• Salonen, Milla, Sulkama, Sini, Mikkola, Salla,
Puurunen, Jenni, Hakanen, Emma, Tiira, Katriina,
Araujo, César, Lohi, Hannes : Prevalence,
Comorbodity, and breed differences in canine

anxiety in 13,799 Finnish pet dogs, https://www.nature.com/articles/s41598-020-59837-z, date : 05.03.2020 (consulté le 21.09.2021)

• Hess, Carolin : Social Support : Warum Sie für Ihr Hund da sein sollten, wann er Angst hat und was es zu beachten gibt, https://www.easy-dogs.net/social-support/, mise à jour : 13/12/2019 (consulté le 21/09/2021)

• Hoffmann, Carolin : Der ängstliche Tierschutzhund aus dem Ausland, https://www.trainieren-statt-dominieren.de/blog/angst-unsicherheit/der-aengstliche-tierschutzhund-aus-dem-ausland, état au 27.11.2020 (consulté le 21.09.2021)

• Blaschke-Berthold, Dr. Ute : Die konditionierte Entspannung beim Hund : Aufbau, Anwendung im Alltag und Fehlerquellen im Training, https://www.easy-dogs.net/konditionierte-entspannung/ Mise à jour : 20/11/2018 (consulté le 21/09/2021)